Marliese Arold, geboren 1958, studierte Bibliothekswesen in Stuttgart und arbeitet seit 1983 als freie Schriftstellerin. Für Kinder und Jugendliche Geschichten ausdenken und aufschreiben ist für sie das Schönste. Marliese Arold lebt heute mit ihrem Mann und ihren beiden Kindern in Erlenbach.

In der Fischer Schatzinsel sind von ihr bereits erschienen: ‚Die Cityflitzer' (Bd. 80272), ‚Die Cityflitzer jagen den Computerhacker' (Bd. 80302), ‚Die Cityflitzer voll in Fahrt' (Bd. 80314), ‚Die Cityflitzer auf Klassenfahrt' (Bd. 80326), ‚Freundschaftsgeschichten von Luzie' (Bd. 85068) und ‚Weihnachtsgeschichten von Luzie' (Bd. 85081).

Silke Brix-Henker wurde 1951 in Probsteierhagen, Schleswig-Holstein, geboren. Sie studierte an der Hamburger Fachhochschule für Gestaltung.
Seit 1986 illustriert sie Bilder- und Kinderbücher.
Silke Brix-Henker lebt heute in Hamburg.

Marliese Arold
Schulgeschichten
von Luzie

Mit Bildern von Silke Brix-Henker

Fischer Taschenbuch Verlag

Fischer Schatzinsel

Herausgegeben von Markus Niesen

Veröffentlicht im Fischer Taschenbuch Verlag GmbH,
Frankfurt am Main, August 2000

© Fischer Taschenbuch Verlag GmbH, Frankfurt am Main 2000
Gesamtherstellung: Clausen & Bosse, Leck
Printed in Germany
ISBN 3-596-85069-X

Nach den Regeln der neuen Rechtschreibung

Inhalt

Luzie kommt zu spät

"Hihi, hoho!" Punkt sieben Uhr
fing Luzies Wecker an zu lachen. "So ein Pech,
jetzt musst du aufstehen!"

Gemeines Ding! Luzie brachte den Wecker
mit der Faust zum Schweigen. Anfangs hatte sie
den sprechenden Wecker witzig gefunden.
Aber wenn man jeden Morgen auf diese Weise
geweckt wurde, war es nicht mehr lustig.

Eigentlich hätte Luzie gar keinen Wecker
gebraucht. Meistens kam Mama nach fünf Minuten
ins Zimmer und weckte Luzie noch einmal –
ganz sanft und liebevoll. Das war viel schöner.

Luzie kuschelte sich ins Kissen, während sie
auf Mama wartete. Sie versuchte, noch ein bisschen
zu träumen. Gerade eben war sie nämlich auf ihrem
Zauberpferd Arabella zur Schule geflogen.

"Ist das dein Pferd?", hatte Marco gestaunt.

"Ja", hatte Luzie geantwortet. "Toll, nicht?
Jetzt kann ich alles von weit oben sehen."

Allerdings musste man beim Starten und Landen
mit Arabella höllisch aufpassen, weil sonst –

Luzie schreckte hoch und starrte auf den Wecker.
Schon fast halb acht!

Mit einem Satz sprang sie aus dem Bett und
sauste hinunter in die Küche.

„Mama, warum hast du mich nicht geweckt?"

Aber in der Küche saßen nur Papa und ihr kleiner
Bruder Stefan. Stefan hockte am Tisch und
zerbröselte lustlos einige Kekse. Er hatte knallrote
Backen und seine Augen waren ganz verschwollen.

„Stefan ist krank", erklärte Papa. „Wahrscheinlich Windpocken. Die gehen gerade im Kindergarten um."

„Du armes Würstchen!" Luzie streichelte ihrem Bruder zärtlich über die Wange.

„Ich hab gerade mit dem Arzt telefoniert", verkündete Mama, die zur Tür hereinkam. „Wir können gleich in die Praxis kommen." Dann sah sie Luzie. „Herrje, dich hab ich ja ganz vergessen!"

„Kann ich zu Hause bleiben?", fragte Luzie hoffnungsvoll. „Vielleicht krieg ich auch Windpocken."

„Du siehst ziemlich gesund aus", antwortete Mama. „Außerdem hast du sie schon mit drei Jahren gehabt."

„Aber ich komme zu spät", sagte Luzie. „Und dann schimpft Frau Gabriel."

„Da sagst du eben, was zu Hause los war", schlug Mama vor. „Und jetzt beeil dich."

Papa machte das Pausenbrot, während Luzie noch schnell fertig frühstückte. Dann sauste sie hinauf ins Bad, um die Zähne zu putzen und sich anzuziehen. Kurz vor acht Uhr flitzte sie aus dem Haus.

Normalerweise wartete Sarah morgens auf Luzie an einer Straßenecke und die beiden Freundinnen gingen dann gemeinsam zur Schule. Aber heute war Luzie zu spät dran. Pech, Sarah war schon weg!

Unterwegs fiel Luzie ein, dass Frau Gabriel eine Überraschung angekündigt hatte. Bestimmt hatte sie vor, die Kinder umzusetzen. Jeder, der wollte, durfte sich dann eine neue Nachbarin oder einen neuen Nachbarn aussuchen. Und jetzt war Luzie nicht dabei! Ausgerechnet! Vielleicht musste sie nun neben der blöden Meike sitzen. Oder neben dem doofen Achim, der immer Pfefferminzbonbons lutschte. Brrr!

Fünf Minuten nach acht erreichte Luzie das
Schulhaus. Keuchend riss sie die Tür auf und
stürzte ins Klassenzimmer.

„Tut mir Leid", japste sie. „Stefan hat Windpocken
gekriegt und meine Mutter hat mich ganz
vergessen."

Luzies Blick irrte im Klassenraum umher. Es fiel
ihr ein Stein vom Herzen. Alle saßen genauso wie
gestern. Also hatte Frau Gabriel mit dem Umsetzen
noch nicht angefangen.

Jetzt erst entdeckte Luzie den Käfig auf dem Pult.
Etwas bewegte sich darin.

„Oh, was ist denn das?"

„Wer zuletzt kommt, erfährt auch Überraschungen zuletzt", sagte Frau Gabriel geheimnisvoll. „Geh jetzt an deinen Platz, Luzie. Vielleicht fällt dir ja auch ein Name für unsere Klassenmaus ein."

„Eine Klassenmaus?", flüsterte Luzie, als sie sich neben Sarah auf den Stuhl plumpsen ließ. „Ehrlich – eine echte Maus?"

Sarah nickte. Die Klasse hatte sich schon lange ein Tier gewünscht.

An der Tafel standen bereits einige Vorschläge für einen Namen: FRIEDA, DINA, WILMA, PUSTEL, PFEFFERMINZ, MINNA, ANN-KATHRIN.

„Unsere Maus ist ein Mädchen", erklärte Frau Gabriel.

Luzie dachte nach. Dann schnellte ihre Hand hoch.

„Ja, Luzie?"

„Windpöckchen", schlug Luzie vor.

„Windpöckchen", wiederholte Frau Gabriel und schrieb das Wort an die Tafel. „Gute Idee, Luzie. Ist dir das eingefallen, weil dein Bruder Windpocken hat?"

„Ja, genau", antwortete Luzie.

Inzwischen hatte sich die kleine Maus im Käfig auf die Hinterbeine gestellt.

„Ist die süß!", rief Jenny. „Ich glaube, der Name gefällt ihr."

Der Name schien nicht nur der Maus zu gefallen, er gefiel auch der ganzen Klasse.

So wurde die kleine Maus mit einem Tropfen Wasser auf den Namen Windpöckchen getauft. Zur Feier des Tages verteilte Frau Gabriel an alle in der Klasse rote Lollis. Luzie wollte ihren Lolli schon auspacken, doch dann überlegte sie es sich anders und steckte ihn in die Schultasche. Für Stefan. Ob er sich freute, wenn sie ihm von Windpöckchen erzählte? Vielleicht würde er dann ein bisschen schneller gesund werden.

Frosch mit Mütze

Luzie stand am Beckenrand. Das Wasser vor ihr
sah tief und unheimlich aus. Da konnte man
unmöglich mit dem Kopf zuerst reinspringen!

Aber genau das sollte die Klasse 3b heute in der
Schwimmstunde lernen.

„Na, komm", ermunterte Frau Gabriel Luzie.
„Den Kopf nach vorne beugen, die Arme strecken
und dann einfach ins Wasser kippen. Stell dir vor,
deine Finger seien das Schwerste an dir."

Luzie wackelte versuchsweise mit den Fingern.
Sie waren gar nicht schwer. „Geht nicht",
behauptete Luzie.

„Stell dir vor, dass ein Elefant auf deinen Händen
sitzt", half ihr Frau Gabriel weiter.

Luzie streckte die Arme aus und strengte sich
mächtig an, um den Fantasie-Elefanten anzulocken.
Da war er schon ... Als er sich auf ihre Hände setzte,
machte Luzie einen Schritt nach vorne.

Plumps – sie landete im Becken, aber mit den

Füßen zuerst. Und die Nase war voller Wasser. Eklig!

Hustend kletterte Luzie die Leiter rauf.

„Der Elefant war schon ganz gut", sagte Frau Gabriel. „Aber du hast das Kippen vergessen."

Luzie beobachtete, wie die anderen Kinder sprangen. Die meisten trauten sich, selbst wenn der Sprung schief und krumm wurde. Jens konnte den Kopfsprung schon ganz gut. Jenny klatschte mit dem Bauch aufs Wasser und jammerte.

Jetzt kam Luzie wieder an die Reihe. Sie stellte

sich an den Beckenrand und bemerkte, dass Mia sie beobachtete. Zuerst flüsterte Mia mit Ruth und dann kicherten die beiden. Als die Lehrerin nicht hinguckte, streckte Luzie Mia die Zunge heraus.

„Auf geht's, Luzie", sagte Frau Gabriel und lächelte freundlich. „Und denk diesmal ans Kippen!"

Luzie starrte aufs Wasser. Ihre Knie waren weich wie Pudding. Ob sie wieder Wasser in die Nase kriegen würde?

„Los, Luzie", drängte Frau Gabriel.

Luzie holte tief Atem und hielt dann die Luft an. Der unsichtbare Elefant setzte sich langsam auf ihre Hände. Die Fingerspitzen wurden schwer und schwerer. Sie berührten fast das Wasser. Dann kippte Luzie nach vorne.

Platsch!

Lauter Wasser um sie herum und über ihr. Aber nicht in der Nase! Luzie tauchte auf und schnappte nach Luft.

„Prima!", rief Frau Gabriel vom Rand aus. „Siehst du, es geht!"

Luzie grinste und kletterte aus dem Schwimmbecken. Sie war stolz wie ein Schneekönig. Sie hatte sich tatsächlich getraut, einen Kopfsprung zu machen!

„Das war toll!", lobte Frau Gabriel sie. Luzie strahlte und sprang noch einmal und noch einmal. Dann meinte die Lehrerin, dass es für heute genug wäre.

Barfuß tappte Luzie durch die Halle. Unter den beiden Duschen standen Mia und Ruth. Sie duschten und duschten – scheinbar endlos.

Luzie wartete bibbernd. „Seid ihr irgendwann mal fertig?"

„Hat da jemand gequakt?", fragte Mia laut.

Mit Ruth hatte Luzie früher öfter gespielt. Aber seit Ruth immer mit Mia zusammen war, tat sie so, als ob sie Luzie kaum mehr kennen würde. Und Mia wollte Ruth ganz für sich haben. Sie war auf alle Kinder eifersüchtig, die mit Ruth befreundet waren.

„Luzie springt wie ein Frosch",
sagte Mia. Sie faltete die Hände, ging
in die Knie und watschelte breitbeinig
aus der Dusche. Mia und Ruth
lachten.

Luzie schnaubte. Wie ein
Frosch! Mias Kopfsprung war auch nicht
vollkommen gewesen. Und Ruth war einige Male
auf dem Bauch gelandet! Die beiden brauchten gar
nicht zu spotten!

Luzie duschte und zog sich rasch an. Beim
Föhnen war sie die Letzte. Als es klingelte, waren
ihre Haare zwar noch nicht ganz trocken. Aber das
störte Luzie nicht. Sie setzte ihre rote Mütze auf
und rannte mit den anderen nach draußen.
Am Eingangstor musste Luzie
an Mia vorbei.

„Frosch", spottete Mia
wieder. „Frosch mit
Mütze!"

„Kamel mit
Rucksack",

rief Luzie zurück und machte ihr eine lange Nase. Dann rannte sie nach Hause.

Was Mama wohl sagen würde, wenn sie von dem Kopfsprung erfuhr? Luzie konnte es gar nicht erwarten, ihr von der tollen Schwimmstunde zu erzählen. Und ihre Freundin Sarah musste sie auch gleich anrufen! Die Arme lag mit Husten und Schnupfen im Bett. Sarah musste unbedingt erfahren, dass es gar nicht so schwer war, einen Kopfsprung zu machen. Beim nächsten Mal konnte sie sich ruhig auch trauen.

Ein Misttag ist gar nicht so schlecht

An diesem Tag ging alles schief!

Sarah hatte am Telefon versprochen, heute wieder in die Schule zu kommen. Luzie hatte sich schon gefreut. Aber als es klingelte und der Unterricht anfing, war der Platz neben Luzie leer. Sarah war noch immer krank!

In der Pause wollte Luzie Windpöckchen, die Klassenmaus, füttern, aber die Maus hatte einen Dickkopf. Sie nahm nur die Körner, die ihr Mia auf der Fingerspitze reichte. Luzie sah zornig zu. Warum wollte Windpöckchen heute von ihr nichts wissen? Lag es daran, dass sie auf ihrem Zeigefinger einen dicken Tintenklecks hatte?

In der Stunde danach musste Frau Gabriel Luzie gleich zweimal ermahnen. Sie erwischte Luzie nämlich, wie sie ihren Tintenkiller in der Hand hatte.

„Wir haben doch beschlossen, dass wir keinen Tintenkiller benutzen wollen", sagte Frau Gabriel.

24

„Und wie kriege ich den Tintenfleck sonst weg?",
fragte Luzie.

„Mit Wasser und Seife", antwortete Frau Gabriel.

Mit Wasser und Seife! Da konnte man
stundenlang schrubben!

„Außerdem habe ich dir schon oft gesagt, dass du
deinen Füller verkehrt hältst", meinte Frau Gabriel.
„Wenn du es so machen würdest, wie ich es dir
gezeigt habe, würdest du keine Tintenfinger
bekommen."

„Würde ich doch", dachte Luzie bei sich. So, wie
Frau Gabriel es vorgemacht hatte, konnte Luzie den
Füller nicht halten. Da schrieb er mal dick, mal dünn
und manchmal auch gar nicht.

Als Frau Gabriel nicht hinschaute, holte Luzie noch einmal den Tintenkiller hervor und bearbeitete damit ihren Zeigefinger.

„Luzie hat schon wieder den Killer", petzte Mia.

„Luzie!", sagte Frau Gabriel streng.

Aber dann sagte sie genauso streng: „Mia! Man petzt nicht."

Diesmal schrieb sie sogar in Luzies Postheft:
„Luzie soll keinen Tintenkiller verwenden!"

Als der Unterricht zu Ende war, regnete es. Luzie
hoffte, dass Mama sie vielleicht mit dem Auto
abholen würde. Sie wartete vor dem Schultor.

Da zogen Mia und Ruth an Luzie vorbei.

„Lu-lu-luzie hat 'ne doofe Mutzi", grölten die
beiden.

„Und ihr friert euch lieber die Ohren ab", schrie
Luzie zurück. Schade, dass Sarah nicht dabei war.
Die beiden trauten sich nur zu spotten, wenn Luzie
allein war.

Aber jetzt kam wenigstens Mama mit dem Auto.

„Na, Luzie, wie war's?", fragte sie und hielt die Tür auf.

„Misttag", platzte Luzie heraus und kletterte auf den Rücksitz. „Sarah ist immer noch krank, Windpöckchen mag keine Körner von mir und Frau Gabriel hat was ins Postheft geschrieben."

Zum Glück schimpfte Mama nicht, als sie zu Hause die Notiz im Postheft las. Sie half Luzie, die Tintenflecke mit Zitronensaft wegzukriegen.

„Meine Finger sehen manchmal noch viel schlimmer aus", sagte Mama. Sie war nämlich Grafikerin und malte auch Bilderbücher.

Nach dem Mittagessen wollte Luzie, wie immer, ihre Hausaufgaben machen. Da stellte sie fest, dass sie ihr Rechenbuch in der Schule vergessen hatte. Auch das noch!

„Dann gehst du eben noch einmal los und holst es", sagte Mama. „Es hat aufgehört zu regnen."

Luzie verzog das Gesicht. Der Vorschlag gefiel ihr gar nicht. In der Schule war nachmittags immer die Putzfrau. Luzie mochte sie nicht besonders.

Die anderen Kinder nannten sie „die Riesin".
Frau Bregel war nämlich groß und breit und hatte
eine schrille, laute Stimme. Sie meckerte immer,
wenn sie vergesslichen Schülern die Tür
aufschließen musste.

Lustlos marschierte Luzie zur Schule. Auf dem
Hof, neben den Spielgeräten, stand ein kleines rotes
Auto. Es gehörte Frau Bregel.

„Hallo, Luzie!", rief plötzlich jemand hinter ihr.

Luzie drehte sich um – und sah Mia. Die hatte ihr
gerade noch gefehlt! Jetzt würde sicher gleich
wieder ein blöder Spruch kommen.

Luzie funkelte Mia zornig an. Sie würde sich
nichts gefallen lassen!

Aber Mia sagte nur: „Ich habe mein Rechenbuch unter der Bank liegen gelassen."

„Ich hab mein Buch auch vergessen", sagte Luzie vorsichtig.

„Frau Gabriel hat heute Vormittag so schnell aufgehört", meinte Mia.

Luzie nickte. Meistens erinnerte die Lehrerin die Kinder extra noch daran, dass sie auch ihr Buch einpacken sollten.

Die beiden Mädchen gingen zum Eingang. Die Tür war offen. Luzie und Mia stiegen die Treppe zu ihrem Klassenzimmer hinauf. An der Wand lehnte ein Schrubber. Frau Bregel zog gerade eine große Mülltüte durch den Flur.

„Die Riesin", flüsterte Mia ängstlich.

Auch Luzie hatte ein bisschen Herzklopfen.

„Na, ihr Zwerge, wollt ihr mir helfen?", dröhnte
Frau Bregel, als sie die beiden Mädchen erblickte.
„Oder habt ihr bloß was vergessen?"

„Unsere Rechenbücher", antworteten Luzie und
Mia wie aus einem Mund.

„Was habt ihr Knirpse nur im Kopf?", brummte

Frau Bregel, während sie in ihrer Schürze nach dem Schlüssel kramte. „Dauernd bleiben Sachen liegen – Jacken, Mützen, Hefte. Und ich muss nachmittags immer aufsperren." Sie steckte den Schlüssel ins Schloss und öffnete die Tür.

Luzie und Mia zögerten und wechselten einen Blick.

„Na, jetzt lauft schon und holt eure Bücher." Die Riesin lächelte den Mädchen zu und trat zur Seite. „Aber rutscht nicht aus! Ich habe den Boden gerade feucht gewischt."

Mit großen, vorsichtigen Schritten tappten Luzie und Mia zu ihren Plätzen, holten die Rechenbücher

und waren – schwups! – schon wieder im Treppenhaus.

„Danke", rief Luzie zurück und Mia schrie: „Auf Wiedersehen!"

Vor dem Schultor blieben die Mädchen stehen.

„War doch nicht schlimm", sagte Luzie.

„Überhaupt nicht", meinte Mia.

Einen Moment lang grinsten sie sich freundlich an.

„Also dann bis morgen", sagte Mia und klemmte ihr Rechenbuch unter den Arm.

„Bis morgen", rief Luzie und hatte plötzlich wieder gute Laune.

Eine ganz besondere Nacht

Luzie freute sich sehr, dass Sarah wieder gesund war. Gerade rechtzeitig zum großen Klassenfest. Frau Moor, die Sachkunde-Lehrerin, würde nämlich bald an eine andere Schule gehen. Zum Abschied wollte sie mit den Kindern ein Fest feiern. Das Tollste aber war, dass die 3b im Klassenzimmer übernachten durfte.

Luzie konnte es kaum erwarten. Schon beim Mittagessen zappelte sie auf ihrem Stuhl herum.

„Ich will auch mit", bettelte Stefan.

„Das ist nichts für Kindergarten-Babys", meinte Luzie. „In der Schule übernachten dürfen nur die Großen."

Stefan sah aus, als würde er gleich heulen.

„Nachmittags darfst du mit", tröstete Mama ihn. „Zusammen mit mir."

„Aber nach dem Abendessen werden die Eltern und Geschwister wieder heimgeschickt", verkündete Luzie.

Gleich nach dem Mittagessen wollte Luzie zu
Sarah gehen. Schwer bepackt zog sie los.
Mit ihrem Schlafsack und allem, was sie sonst
brauchte. Sarah wartete schon mit ihrem Gepäck
vor der Haustür.

„Hast du deine Taschenlampe dabei?",
rief sie Luzie entgegen.

Luzie nickte. „Klar."

Hand in Hand gingen die beiden Freundinnen
zur Schule. Das hatten sie schon lange nicht mehr
getan. Aber jetzt, nach Sarahs Krankheit, fand Luzie
es ganz in Ordnung.

Frau Gabriel, Frau Moor und einige Kinder waren
bereits im Klassenzimmer, als Luzie und Sarah

ankamen. Für diejenigen, die schon da waren, gab es Arbeit: Tische und Stühle mussten zur Seite gerückt werden. Dann wurden Matten aus der Turnhalle geholt und in der Mitte des Klassenzimmers auf den Boden gelegt.

Luzie und Sarah besetzten zwei Plätze und breiteten ihre Schlafsäcke aus. Sarah zog stolz ihr neues Nachthemd aus der Tasche: „Guck mal, Luzie, lauter Marienkäfer."

„Toll", sagte Luzie und zeigte Sarah ihren violetten Kuschelfrosch. „Das ist Max."

„Niedlich", meinte Sarah. Inzwischen waren alle Kinder da. Jetzt ging an manchen Stellen das Gezanke los. Wer durfte wo schlafen? Und wer neben wem? Frau Gabriel musste ein Machtwort sprechen. Schließlich klatschte Frau

Moor in die Hände. „Beeilt euch", rief sie fröhlich.
„Wir wollen mit dem Spielen anfangen:
Schnitzeljagd!"

Alle liefen hinaus ins Freie. Frau Moor teilte die
Kinder in drei Gruppen ein. Sie sollten einen Schatz
finden, den der Hausmeister versteckt hatte. Die
Kinder jagten kreuz und quer über den Schulhof,
durch den Schulgarten, in die Fahrradhalle. Überall
waren kleine Nachrichten angebracht. Luzie
entdeckte auch einen Zettel, der hoch auf einem
Birnbaumast aufgespießt war. Sarah machte eine
Räuberleiter, Luzie reckte und streckte sich und
erwischte den Zettel.

„Geradeaus und dann nach unten, bald habt ihr den Schatz gefunden", las sie laut vor.

„Hm." Sarah bohrte vor Anstrengung in der Nase. Dann leuchteten ihre Augen auf. „Der Kellerabgang neben der Fahrradhalle!"

Die Gruppe stürmte los und erreichte kurz vor Timos Gruppe die Kellertür. Vor der Tür stand eine Piratenkiste, die mit Süßigkeiten und Wundertüten gefüllt war.

„Gemein, wir waren genauso schnell", brüllte Timo.

„Ihr braucht nicht zu streiten. Es reicht für alle", meinte Frau Gabriel.

Die dritte Gruppe musste leider aufgeben. Sie hatte die Spur verloren, weil sie einen Zettel nicht gefunden hatte.

„Macht nichts", tröstete Frau Moor die Verlierer. „Ihr habt jedenfalls ganz toll gesucht. Alle dürfen sich etwas aus der Schatzkiste nehmen."

Bald darauf kamen die Eltern mit den Geschwistern, auch Mama mit Stefan. Auf der Wiese wurde ein Lagerfeuer angezündet. Ringsum waren lange Bänke aufgestellt, die der Hausmeister aus der Turnhalle geholt hatte. Es gab Würstchen und Brotteig am Spieß. Die ganz Hungrigen bekamen außerdem noch Spagetti.

Luzies kleiner Bruder wollte von allem probieren. Als Luzie ihm den Plastik-Dino aus ihrer Wundertüte schenkte, strahlte Stefan.

Jetzt war er gar nicht mehr traurig, dass er nicht in der Schule schlafen durfte.

Inzwischen war es ganz dunkel geworden. Die Eltern und Geschwister wurden nach Hause geschickt. Jetzt sollte nämlich die Nachtwanderung beginnen!

Luzie fand Nachtwanderungen spannend. Mit der Taschenlampe in der Hand und Sarah an der Seite konnte gar nichts passieren. Die Klasse zog einmal rund um den großen Sportplatz und dann durch den kleinen Park. Dabei sangen die Kinder Lieder, die sie in diesem Schuljahr gelernt hatten. Auf dem Rückweg erzählte Frau Moor von einem Gespenst, das sich in der Schule verirrt hatte.

„Und dann hat die Putzfrau es aus Versehen im Pult eingeschlossen", sagte Frau Moor. „Dort hockt es heute noch und jammert."

„Vielleicht sogar in unserem Klassenzimmer?", fragte Ruth.

„Na klar", antwortete Frau Gabriel fröhlich.

Nachdem sie wieder in der Schule angekommen waren, zogen die Kinder ihre Schlafanzüge an.

„Und jetzt waschen und Zähne putzen!", rief Frau Gabriel und schickte die Kinder aufs Klo. Inzwischen zündete Frau Moor überall im Klassenzimmer Kerzen an. Luzie und Mia durften dabei helfen.

„Seid ihr alle in euren Schlafsäcken und unter euren Decken?", fragte Frau Gabriel.

„Ja", ertönte es von allen Seiten.

„Wer von euch holt morgen früh mit mir frische Brötchen?", wollte Frau Gabriel wissen.

Luzie, Sarah und fünf andere Kinder streckten ihre Hand in die Höhe.

„Fein", freute sich die Lehrerin. „Und jetzt liest Frau Moor noch eine Geschichte vor."

Frau Moor setzte sich aufs Pult und klappte ihr Buch auf. Die Geschichte war spannend, aber immer mehr Kinder begannen zu gähnen. Feiern war eben anstrengend!

Als Frau Moor die Geschichte zu Ende gelesen hatte, wurden die Kerzen ausgeblasen. Eine nach der anderen. Es wurde immer dunkler im Zimmer. Schließlich war es ganz finster.

„Gute Nacht", sagten Frau Gabriel und Frau Moor und streckten sich selber auf den Matratzen aus.

„Gute Nacht", antworteten die Kinder im Chor. Ein paar Sekunden lang war es ruhig, aber dann ging im Dunkeln das Getuschel los.

„Iiiih, ich hab deine Stinkefüße im Gesicht!"

„He, mach dich nicht so breit!"

„Frau Gabriel, Frau Moor, Timo hat eben gepupst!"

„Ruhe", sagte Frau Gabriel. „Jetzt wird geschlafen."

Allmählich wurde es im Klassenzimmer still.

Kurz nach Mitternacht stand Sarah vor Frau Gabriel. „Ich muss noch mal Pipi."

„Kein Wunder, du hast ja auch so viel Saft getrunken." Frau Gabriel seufzte und schickte Sarah mit der Taschenlampe aufs Klo. „Sei leise, damit du niemanden aufweckst."

Sarah nickte. Auf Zehenspitzen kam sie zurück und legte sich wieder hin.

„Gute Nacht", flüsterte sie Luzie zu.

Aber von Luzie kam keine Antwort mehr. Sie schlief längst tief und hielt dabei ihren Frosch Max fest im Arm.

Eine *aufregende* Zeit *für* Luzie

Luzies spannende Alltagsgeschichten in bewährter Form für Erstleser

3. Lesestufe (ab 7)
abgeschlossene Luzie-Geschichten zu einem Thema
klare Textgliederung
große Fibelschrift
viele farbige Bilder

Band 85068

Band 85069

Band 85081

Fischer Schatzinsel